東南アジア

ベトナム
タイ
フィリピン
インドネシア ほか

監修/青木ゆり子
編・著/こどもくらぶ

はじめに

「食文化」とは、食べ物に関する文化のことです。

食文化は、いろいろな要素が影響しあってはぐくまれます。

はるか昔からその土地に伝統として伝えられてきたもの。その土地の気候・風土、産物、歴史、宗教などがもたらしたもの。ほかの国や地域と交流するなかでうまれたもの。

そうしたさまざまなものがからみあって、その土地独特の食文化がつくりあげられてきました。

だからこそ、世界の人びとを理解し交流するはじめの一歩は、食文化を理解すること。まず「どんな料理を食べているの？」からはじめましょう。

　シリーズ第2巻のこの本では、大河メコン川が貫く国ぐに、すばらしい棚田が開かれている国ぐに、何千という島じまで構成されている島嶼国など、多くの民族が共存している東南アジアの国ぐにの食文化を追っていきます。独特で魅力的な食文化にあふれたこれらの国ぐにへの関心を、ぜひ深めてください。

この本で紹介する東南アジアの国ぐに

ラオス／ミャンマー／タイ／ベトナム／カンボジア／フィリピン／マレーシア／シンガポール／インドネシア

　ところで、近年日本を訪問する外国人はどんどんふえています。そうした外国人たちに日本を正しく紹介したい！　それには、日本人が日本の食文化を知らなければならないのは、いうまでもありません。この意味から、このシリーズでは、日本についても第1巻の冒頭に紹介しています。また、それぞれの国と日本との関係についても、できるだけふれていきます。

　さあ、このシリーズをよく読んで、いろいろな国の食文化、その国とその国の人びとについての理解を深めていってください。

こどもくらぶ

もくじ

ベトナム

1 ベトナムの風土と食文化 …………… 6
2 ベトナムの食事 …………………… 8

ラオス・カンボジアの食文化

1 ラオス ……………………………… 12
2 カンボジア ………………………… 16
そもそもお米とは? ………………… 18

タイ

1 タイの風土と食文化 ……………… 20
2 タイの食事 ………………………… 24
3 タイのお正月 ……………………… 27

ミャンマー

1 ミャンマーの風土と食文化 ……… 28
熱心な仏教の国ぐに ………………… 30

マレー半島の食文化

1 マレーシア ……………… 32
2 シンガポール …………… 35

インドネシア

1 インドネシアの風土と食文化 ………… 36
2 特色ある郷土料理 ……………………… 38
写真で見る 世界の米料理とお菓子 ……… 40

フィリピン

1 フィリピンの風土と食文化 …………… 42
2 フィリピンのお祭り「フィエスタ」 …… 45

さくいん ……………………………… 46

ベトナム

ベトナムは、10世紀まで中国の支配が続いたため、中国文化の影響を強く受けました。また、1887年より50年間ほどフランスの植民地だったため、フランスの影響もみられます。

正式名称／ベトナム社会主義共和国
人口／約9340万人(2015年国連人口基金)
国土面積／32万9241km²（日本より少し小さい）
首都／ハノイ
言語／ベトナム語
民族／キン族(越人)約86％、ほかに53の少数民族
宗教／仏教、カトリック、カオダイ教　など

1 ベトナムの風土と食文化

ベトナムは、東シナ海にのぞむ南北に細長い国で、北部は温帯気候、南部は熱帯気候です。北にはホン川、南にはメコン川が流れ、豊かなデルタ地帯（三角州）では稲作がさかんです。長い海岸ぞいでは、魚介類が豊富にとれます。

ベトナムの稲作

南北に約1650kmの国土をもつベトナムの稲作は、北部と南部、また、中部や山岳地帯とでちがいがみられます。

南部では、1年に2回イネを収穫し冬に大豆を育てる、三毛作がふつうです。メコン川のデルタ地帯では、土地が肥えていて、たいして肥料をまかないでもイネが育つといわれてきました。現在では広大な土地で大規模な農業がおこなわれています。場所によっては、もう1回、かりとった後に出てきた稲穂（ひこばえ）を飼料用として収穫することもあります。

中部や北部の平野でも、三毛作がおこなわれています。ただ、1区画の田んぼの面積は南部にくらべて小さく、小規模農業がおこなわれています。

山岳地帯では斜面に棚田をつくるなど、田んぼをふやすための工夫がされていますが、デルタ地帯のような収穫量は得られません。

ベトナムのメコンデルタの広大な田んぼ。

ベトナム

ベトナム料理の特徴

ベトナム人はインディカ米（→p19）のご飯を中心として、それにあったおかずで食事をとるのがふつうです。インディカ米は炊いて食べるだけでなく、麺や春巻きの皮などをつくる原料としても使われています。

ベトナム料理の大きな特徴は、新鮮なハーブや野菜をたくさん使い、肉とのバランスがよいことですが、次の3つの地域はそれぞれ異なった特徴があります。首都ハノイを中心とした北部、古都フエのある中部、ホーチミンをふくむ南部です。

北部、中部、南部のそれぞれの特徴をかんたんにまとめると、次のようになります。

北部：ほかの地域にくらべて、あっさりした味つけが好まれています。北に接する中国の料理の影響をより強く受けています。

中部：トウガラシのほか香辛料がよく使われ、ベトナムのなかでは比較的辛い料理が多いといわれています。

南部：タイやミャンマーなど、東南アジアの国ぐにの料理は辛いものが多いですが、ベトナム料理は辛くないことで知られています。なかでも南部では、ココナッツミルクがよく使われ、甘めの味つけが好まれています。

北部の料理 ブン・ズィウ・クア
米粉麺に、揚げ豆腐などをのせ、カニのだし汁にトマトの酸味をつけたスープをかける。

中部の料理 ブン・ボー・フエ
米粉麺に、ピリッとした辛さとレモングラス（→p23）の酸味がまざったスープをかけた麺。牛肉が具のフエの名物料理。

南部の料理 バインセオ
米粉とココナッツミルクにターメリックを加えた生地を焼き、豚肉やもやしなどの具をのせて折りたたんだベトナム風お好み焼き。

もっと知りたい！
ニョクマムとは？

ニョクマムというのは、小魚を塩漬けにして発酵させた魚醤のこと。ベトナム料理に欠かせない調味料。炒め物から汁物の味つけまで、幅広く使われている。また、ベトナムでは、食卓で料理にたれをつけながら食べることが多く、このたれのベースにも、ニョクマムがひんぱんに使われる。

辛くないエスニック料理

日本人は、ベトナム料理に対し「エスニック料理」といった印象をもつ人がいる。「エスニック」とは「民族特有の」という意味で、日本では「エスニック料理」は香辛料を使った辛い料理という意味で使われていることが多い。

ところが、ベトナム料理には、タイやインドなどのような辛い料理はあまりない。ベトナムの食文化は、中国の影響を強く受け、炒める、蒸す、煮るなど、中国料理の料理法が多く取り入れられている。

また、食事にお箸やお茶わんを使い、米を主食とし、お茶をよく飲むなどの点は、日本の食文化によく似ている。

2 ベトナムの食事

ベトナムの都市部などでは外食がふつうです。朝は屋台で麺類などを食べ、昼夜は「コムビンザン」とよばれるセルフサービスの大衆食堂で食べる人が少なくありません。

● 米からつくる麺、フォー

ベトナムの麺料理のなかでも代表的なものは、日本でもよく知られているフォーです。麺料理としてのフォーは、スープや具によっていろいろな種類があります。もっとも一般的なのが、北部発祥のフォー・ガー（鶏肉のフォー）と南部発祥のフォー・ボー（牛肉のフォー）です。どちらもハーブや野菜をたっぷりのせて食べます。

フォー・ガー
フォーに、鶏肉でとっただしに香辛料とニョクマムで味つけしたスープをかけ、さいた鶏肉やネギなどをのせたもの。

フォーなど麺料理専門の屋台。

フォー・ボー
フォーに、牛骨からとったスープをかけ、牛肉をのせたもの。肉は、うす切りの肉の場合もひき肉の場合もある。

バインチャン（ライスペーパー）をつくる

フォーは、下のような手順でつくるうすい生地「バインチャン（ライスペーパー）」を、細く切ってつくる平麺。

①米粉を水で練ったものを、蒸し器の上にはった布の上でうすい円形にのばす。

②熱でかたまった生地をやぶらないように、そっと引き上げる。

③引き上げた生地を天日に干す。半がわきのときに細い麺状に切れば、フォーのでき上がり。

→ 円形にかためたものを完全にかわかしたバインチャン（ライスペーパー）は、春巻き（→p9）に使われる。

ベトナム

ブン・チャ（つけ麺）
甘辛いたれをつけて焼いた豚肉や香草とともに、ブンを汁につけて食べる。ハノイの名物料理。

代表的なベトナム料理

　ベトナムにはフォーのほかにも、麺料理がいろいろあります。なかでもブンという麺料理は、家庭ではフォーよりよく食べます。ブンは、米の粉を練ったものを小さな丸い穴がたくさんあいた筒から熱湯の中へ押しだしてつくります。そのため、ブンは丸麺です。フエの名物ブン・ボー・フエ（→p7）は、ブンを使った代表的な麺料理です。ブンはつけ麺や炒め麺にもよく使われます。

　また、ゆでエビや春雨、生野菜などをバインチャン（→p8）で包んだゴイクン（生春巻き）や、ひき肉やキクラゲ、カニ肉、春雨などをバインチャンで包んで揚げたネムザン（揚げ春巻き）も、人気のベトナム料理です。

揚げ春巻き

生春巻き

もっと知りたい！

ヌクチャム

　春巻きなどにはかならずソースがそえられる。ソースは、みそとピーナッツを使ったソースや、ライム、酢、砂糖、ニンニクなどを使ったほんのり甘ずっぱいものなどがある。ベトナム人がもっとも好むのが、ヌクチャム。これは、ニョクマムに砂糖、ベトナムのライムやレモンのしぼり汁、酢、トウガラシ、ニンニク、水を加えてつくったソースで、どんな料理にもあう。

大衆食堂コムビンザン

コムビンザンの「コム」は「ご飯」、「ビンザン」は「庶民」の意味で、あわせて「大衆食堂」という意味になります。店頭には、大皿に盛られたたくさんの種類のおかずがならべられていて、そこから好きなおかずを選び、ご飯とスープとともに食べます。ここでは、煮物や揚げ物、野菜炒めや卵焼きなど、ベトナムの家庭料理を手軽に味わうことができます。

コムビンザンの店がまえ。

ご飯とスープ、おかずのコムビンザンの定食。

もっと知りたい！
フランス文化のなごり

ベトナムは19世紀から20世紀にかけて、フランスの統治下にあった。まちのあちこちで棒状のフランス風のパン（バゲット）が売られているのはそのなごりだ。だが、食べ方は、フランスとは異なる。バインミーというバゲットのサンドイッチは、パテ（肉類を細かくつぶして香辛料を加え、ペースト状にしたもの）やハムとともに、野菜の甘酢漬け、ハーブ、青ネギをはさみ、ニョクマムをふりかけて食べるのがふつう。

バインミー

バインミーの屋台。

ベトナム

ベトナムのお正月「テト」の料理

ベトナムの最大の行事は、なんといってもお正月「テト」。旧暦でお祝いするので、日本のお正月とは日がずれます。テトが近づくと、みんな故郷に帰ったり、市場で果物やお菓子を買ったり、ごちそうの準備をしたりと、大忙しになります。正月料理といえば、バインチュンという四角いちまきやバインテトという円筒形のちまきが欠かせません。伝統的なこれらのちまきは、もち米と緑豆や豚肉などを、バナナの葉に似た特別な葉で包み、日持ちさせるために、8～10時間ほどゆでてつくります。ベトナムの人びとはこれを家族とともに食べて、平和と、祖先と子孫の強い絆を祈るのです。

バインチュン

バインテト

伝統的なテトのお菓子。干しイモの砂糖がけや、ショウガ味、ココナッツ味などのゼリー。

鐘や太鼓が鳴りひびき、麒麟舞がおこなわれる、テトの恒例行事。

四角いちまきバインチュンをつくる。

家族でバインチュンやバインテトがゆで上がるのを見守る。

もっと知りたい！
ベトナムのコーヒー

ベトナムのコーヒーは、ココナッツのような甘い香りがするのが大きな特徴。アルミニウムかステンレス製の小さな穴がたくさんあいた容器にひいたコーヒーを入れ、底にコンデンスミルクが入ったカップの上にのせる。そこへゆっくりお湯を注ぎ、コーヒーを抽出。スプーンでかきまぜながら、お湯で甘さや濃さを調整して飲む。

11

ラオス・カンボジアの食文化

ベトナムのほか、ラオス・カンボジアも、かつてフランスに統治されていました。インドシナ半島にあるこれら3つの国は「インドシナ三国」とよばれ、今でも共通の食文化がみられます。

1 ラオス（正式名称 ラオス人民民主共和国）

ラオスは、日本の本州ほどの広さの、海のない内陸国です。ラオ族が人口の6割をしめ、平野部に住んでいます。モン族など多くの少数民族は、山地や高原に住み、それぞれ独自の食文化をはぐくんできました。

● 国境線をこえる食文化

ラオスの料理は、フランスの影響のほか、北側では中国、西側ではタイの影響を大きく受けています。逆にタイの東北部イサーン地方には、ラオスの最大民族であるラオ族が多くくらしているため、タイの側にもラオスの影響がみられます。

これは、昔からの食文化が国境線をこえて、現在もつながりあっていることを意味しています。

タム・マックフン
熟していないパパイヤをうすく細長く切ってつくったサラダ。タイでは「ソムタム」とよばれている。ベトナムやカンボジア、ミャンマーにも同じような料理がある。

ラオスの市場で売られているフランス風のパン。

カオプン
米の粉からつくるラオスの伝統的な麺。

ラオス・カンボジアの食文化

ラオス料理の特徴

ラオスでは、インディカ米（→p19）のもち米を蒸したご飯（カオ・ニャオ）が主食です。蒸し上がったカオ・ニャオは、ティップ・カオというふたのついた円筒形のかごにうつします。ご飯は、鶏、牛、豚などの肉料理や川魚をつかった魚料理、パパイヤのサラダなどの野菜料理、スープなどのおかずといっしょに食べます。

ラオスの一番人気のメニューといえば、きざんだ肉とハーブとライムジュースに多めの香辛料を入れてつくる「ラープ」です。ラオス料理は全般的に、山と川でとれる食材とハーブをふんだんに使ったヘルシーな料理が多いのが特徴です。

ラープ

蒸し上がったもち米はティップ・カオにうつす。

日本人の好みにあう

今ラオスは、経済的に貧しい状態にありますが、ラオス旅行をした日本人の多くが、料理がとてもおいしかったと満足するようです。

その理由は、ラオスは北に中国、東にベトナム、西にタイと、料理のおいしい国にかこまれ、食材、料理法などの豊富な料理大国だからです。

ふっくらと蒸したもち米のご飯のおこわのような感じが、多くの日本人の舌を満足させ、同じような食文化をもつラオス人に対し親しみをわかせるともいわれています。

また、ラオス料理全体としては、タイ料理や中国の四川料理のように激辛ではなく、野菜たっぷりでほどよい塩味の料理が、日本人の好みにあうようです。

日本の焼き魚とどことなく似ている、ラオススタイルの魚の串焼き。

ラオス料理の味の決め手

ラオス料理には川魚に塩と米ぬかをまぜて発酵させてつくる塩辛のパーデークや、その塩辛の汁のナムパーデークという魚醤が欠かせません。ラオスだけではなく、ベトナムやカンボジア、タイなどメコン川ぞいの国ぐにでは、魚醤が味の決め手になっています。

市場の一角でパーデークをつくっているところ。

ラオスの食事

ラオスでは、朝ご飯には麺やお粥を食べることが多いようです。まちでは、朝早くから麺料理の屋台が出ているので、屋台で食事をする人もいます。朝に食べる麺類はあっさりとした味のものですが、昼食などには、辛い肉みそがのった麺料理「ラオス風カオ・ソーイ」が人気です。
麺類以外の食事は、もち米のご飯（カオ・ニャオ）とおかずをいっしょに食べます。まちには、バイキング形式でさまざまなおかずを食べられる店もあります。

古都ルアンパバーンにある、さまざまな料理をバイキング形式で食べられる店。

朝ご飯に食べる、あっさりとした汁麺。

ラオス風カオ・ソーイ

ラオス風揚げ春巻き

ラオスの焼き鳥

ラオス風魚のフライ

ラオス・カンボジアの食文化

ラオスの朝

熱心な仏教国であるラオスの朝は早く、お寺の近くの静かな通りでは、托鉢にまわっているお坊さんにお布施をあげている人びとのすがたがあります（→p31）。

古都ルアンパバーンの托鉢のようす。

市場も朝早くから開きます。ラオスのまちには常設の市場がありますが、市場のまわりや通りでも、朝市が開かれます。朝市には、野菜を売る店、魚を売る店、肉を売る店などがあり、生産者が直接売っていることが多いようです。モン族など少数民族の人も、生産物を売りにやってきます。

魚を売る露店。

肉を売る露店。

市場の中のようす。

ラオスの少数民族

ラオスにはたくさんの少数民族がいます。それぞれの民族は、伝統的な文化を守りながらくらしています。民族衣装も独特で、お正月や祭り、特別なお祝いの日などには、子どもから大人まで手織りした布でつくった民族衣装で着かざります。

ラオスとタイ、ミャンマー、中国の国境地帯には、さまざまな少数民族がくらしています。少数民族をふくむ多くの民族が、おたがいの文化を尊重しながら協力しあって歩む道をさぐることが、これらの国の課題だといわれています。

カラフルな民族衣装を身につけたモン族の子ども。

野菜を売るモン族の女性。

2 カンボジア (正式名称 カンボジア王国)

カンボジアは、9世紀から15世紀まで東南アジアに広がっていたクメール王国がもととなった国であることから、料理も「クメール料理」といいます。その後、インド料理や中国料理、フランス料理の影響を受け、現在にいたっています。

● クメール料理の特徴

クメール料理はタイ料理に似ていますが、あまり辛くなく、タイとベトナムの中間ぽい料理です。その特徴をひと言でいうと、魚を発酵させてつくる、伝統的な調味料のプラホックが使われることです。また、プラホックの製造過程でとれる、「トゥック・トレイ」とよばれる魚醤も広く用いられています。

カンボジアの食事は、ご飯とおかずが基本です。おかずは、肉と野菜の炒め物や、肉・魚の焼き物、野菜の和え物などが組み合わされます。ご飯には、インディカ米のうるち米が使われます。

プラホック

● 代表的なクメール料理

インドシナ三国のひとつカンボジアにも、ベトナム、ラオスと同じく、インディカ米でつくった麺料理があります。なかでも、トゥック・トレイで味つけをする伝統的なクメール風スープ麺「クイティウ」は、屋台でもよく食べられています。

また、フランスの支配を受けていた (→p12) ため、フランスパン、コーヒーなどの食文化が今も残っています。

クイティウ クメール風スープ麺。

バーイ・サイ・モアン
ご飯の上に、焼いた鶏肉をのせた料理。

ラオス・カンボジアの食文化

　一方、カンボジアの料理には、インド料理の影響も強く感じられます。それは、「カリー」という「カレー」がよく食べられていることにあらわれています。カリーには、カルダモン、八角、クローブ、シナモン、ナツメグ、ショウガ、ターメリックなど多くの香辛料が使われていますが、それらの香辛料は、ポルトガル人がインドから伝えたものです。南インドの影響でココナッツミルクも料理に使われます。

アモック
白身魚とココナッツミルクのカレーをとき卵でとじた、カンボジアの代表的な料理。バナナの葉でつくった容器に盛ることが多い。

ソムロー・カリー
カンボジアのスープカレー。ご飯といっしょに食べたり、麺やフランスパンといっしょに食べたりする。

ノムバンチョック
伝統的な米粉麺。ハーブ類をのせ、ソムロー・カリーなどのスープをかけて食べる。

もっと知りたい！

カリーの調味料クルーン

　クルーンはレモングラス、ニンニク、エシャロット、コリアンダーなどを材料としてつくられた、独特の複雑な味と香りがするペースト状の調味料。クメールカレーや煮物料理に欠かせない。

©Goomba King Kroeung

クモを食べる！

　カンボジアで食用とされているクモは、大型のクモのタランチュラの一種。カンボジアをはじめ東南アジアでは、クモや昆虫、カエル、カメなどを食べるのは一般的だ。こうした食習慣に対し、日本人のなかには嫌悪感をもつ人がいる。しかし、日本でも、カエルやスッポンを昔から食べてきたし、群馬県、長野県、福島県などには、ハチの幼虫やイナゴ、カイコのさなぎなどを食べる習慣が残っている。

　山盛りのタランチュラのフライ。

©Mat Connolley

17

そもそもお米とは？

お米は、小麦、トウモロコシとともに三大穀物のひとつといわれる重要な穀物です。
アジア地域をはじめ世界各地で、炊いたり炒めたりするだけではなく、
粉にして麺や菓子の材料にするなど、さまざまな形（→p40）で利用されています。

世界のお米の生産と消費

世界で一番お米を食べている国は、中国です。でも、1人当たりの量でいうと、一番お米を食べている国は、カンボジア。次いで、ベトナム、バングラデシュ、ミャンマー、タイ、インドネシアと続いています。日本は10位で、他のアジアの国ぐにとくらべると、圧倒的に少ないのです。

お米の生産量についても、1位は中国で、2位はインドです。そのほか、右のグラフのようになっています。日本は10位です。これら上位をしめるアジアの国ぐにだけで、世界のお米の9割近くを生産しています。

一方、中央アメリカや南アメリカ、アフリカでもお米を食べています。ヨーロッパでは、とくにイタリア、ポルトガル、スペインなどでお米が食べられています。

なお、イネの起源はアジアにあり、日本には中国から入ってきたと考えられています。縄文時代の終わりごろには、イネの栽培がはじまりました。

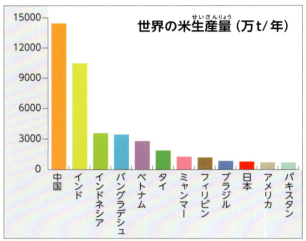

世界の米生産量（万t/年）

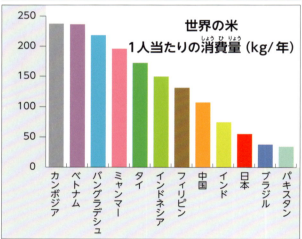

世界の米1人当たりの消費量（kg/年）

出典：農林水産省「生産量と消費量で見る世界の米事情」 資料：日本のデータは平成26年度「食料需給表」より、その他の国・地域は米国農務省「PS＆D」（10 November 2015、2014/15年の数値＜見込値を含む＞）より作成。
※注：数値は精米ベース。

もっと知りたい！
日本の古代米

日本では、古代人が栽培していた野生のイネの特徴を受けついでいるお米（イネ）を古代米とよんでいる。古代米には、赤米、黒米、緑米がある。日本に最初に伝わった米は赤米と考えられ、赤飯の起源ともいわれている。
黒米は栄養のバランスがよく、薬米ともよばれ、中国では薬膳料理に使われる。

お米の炊き方

　世界で栽培されているお米には、大きく分けてインディカ米とジャポニカ米の2種類があります。日本人にとって、お米といえばジャポニカ米ですが、ジャポニカ米をおもに栽培しているのは日本をはじめ、中国東北部や朝鮮半島などだけで、世界全体の割合からすると生産量は約2割ていどです。

　ジャポニカ米は米つぶが短くて丸みがあり、水分を多くふくむため、熱を加えるとねばりとつやが出ます。一方、インディカ米は米つぶが細長く、熱を加えてもねばりがなく、パラパラとした感じになるのが特徴です。

　それぞれのお米の性質にあった炊き方を、ここで紹介します。

ジャポニカ米の 炊き干し法 （日本のお米の炊き方）

①米をとぎ、水を入れる。水の量は、米の量の1.2倍。
②ふたをして、強火で煮たあと、火を弱くして蒸す。
③最後に、釜の熱を利用して、水分をとばす。

ジャポニカ米のふっくらご飯。

インディカ米の 湯取り法

①鍋に、米の3倍ほどのたっぷりの水を入れて、ふっとうさせる。
②さっと水洗いした米を鍋に投入して、ときどきかきまぜながら、7～8分ほどゆでる。
③ざるにあけて、湯を切る。

インディカ米のねばりのないご飯。

湯取り法は、米や水の量を厳密にはからなくてもいいので、炊き方がかんたん！

お米の料理法

　日本では、お米を炊くときに具を米といっしょに炊きこんでつくる料理があります。「炊きこみご飯」です。他のアジアの国ぐにでも、豚肉や鶏肉などの具材といっしょに炊く料理が多くみられます。日本ではコンブなどでだしをとったしょうゆ味のものがふつうですが、マレーシアやインドネシアなどでは、ココナッツミルクを加えて炊いた料理がみられます。西アジアやアフリカなどでは油と香辛料を加えて炊くことが多いようです。ヨーロッパでは、お米の料理として、スペインの「パエリア」が有名です。これは、魚介類などの具をたくさん入れ、サフランを加えてつくる炊きこみご飯です。浅く平らなパエリア鍋を用いて、鍋ごと食卓に出して取り分けて食べます。

　日本では、チャーハン（ご飯に味をつけて炒めたもの）のことを「ピラフ」とよぶことがありますが、ヨーロッパや西アジア、南アメリカなどのピラフは、お米を生のまま一度炒めてから味をつけ、そのあと水を入れて炊きます。

インドの炊きこみご飯（ビリヤニ）

スペインのパエリア

タイ

タイは、日本やイギリスと同じ立憲君主制の国で、国王は政治的な実権はありませんが、国民の信望を集めています。またタイは農業がさかんで、とくに米の輸出量は世界1位です。

正式名称／タイ王国
人口／6593万人（2010年　タイ国勢調査）
国土面積／51万4000km²（日本の約1.4倍）
首都／バンコク

言語／タイ語
民族／大多数がタイ族、その他華人（中国系）、マレー族など
宗教／仏教（94％）、イスラム教（5％）

1 タイの風土と食文化

タイの食文化は、古くから中国やインドの影響を受けてきました。その一方で、タイのいくつかの地方が織りなす独自の食文化が、周辺の国ぐにに影響をあたえてきました。

● タイの4つの地方の食文化

タイの国土は、下の地図のように大きく4つの地域に分けられ、それぞれ食文化が異なっています。タイの東側にはカンボジアが、西側にはミャンマー、北にはラオス、南にはマレーシアがあり、これらの国ぐにと影響をあたえあってきたからです。現在も、地方ごとに特色ある郷土料理が残されています。タイ料理全体としては、たくさんのトウガラシを使った辛い料理が多いのが特徴です。

タイの王宮。

タイ

北部の料理

北部は山岳地帯で、中心都市はチェンマイ。チェンマイには、台座のついた丸いお膳にいろいろな料理をのせて出す「カントーク」という郷土料理があります。これは、特別な行事のときに出されるもてなし料理で、取り分けて食べます。また、タイ風カオ・ソーイ（ココナッツカレーラーメン）など、ミャンマーの影響を受けた料理がたくさんあり、比較的油っこいものが多いといわれています。酸味のあるソーセージ「ネーム」もよく食べられています。北部、東北部では、主食としてもち米を食べることが多く、蒸したもち米をふたのついた竹かごに入れて出します。

ネーム

丸い膳で出されるもてなし料理「カントーク」。膳のまわりにあるのは、蒸したもち米の入った竹かご。

東北部の料理

イサーン地方ともよばれる東北部は、雨が少なく、土は塩分が強いので、農業はあまりさかんではありません。ラオ族が多く住んでいるため、食文化はラオスのものとほとんどかわりません。料理は、辛くてしょっぱいのが特徴。代表的な料理には、ラープ（ラオス風肉とハーブの和え物）やソムタム（熟していないパパイヤのサラダ）があります。

材料を石うすに入れて、香辛料やハーブをたたいてつぶし、ソムタムをつくる。

ソムタム まだ熟していない青いパパイヤを使った和え物。

21

中部の料理

首都バンコクを中心とするタイの中部は、古くから政治と経済の中心地としてさかえてきました。中央にチャオプラヤー川が流れ、土地は平らで水も豊富で、タイの穀倉地帯となっています。この地域の料理は、砂糖やココナッツミルクをたくさん使うのが特徴。バンコクでは、麺料理が多いのが特徴です。全体として辛いタイ料理のなかでは、味は比較的甘いといわれています。代表的な料理には、ゲーン・キャオワン（グリーンカレー）などのココナッツミルクを使ったカレー料理があります。

ゲーン・キャオワン
中部の代表的料理（グリーンカレー）。

タイ中部は水田が多く、タイの穀倉地帯となっている。

タイのお米はインディカ米（→p19）。

南部の料理

南に隣接するマレーシアの影響が強いタイ南部は、イスラム風カレーのゲーン・マサマンのほか、ムー・サテ（豚肉の串焼き）などがよく食べられています。南にいけばいくほどイスラム教の影響が強く、サテは豚肉のかわりに鶏肉でつくられます。

また、海にかこまれているため、豊富な魚介類を使った料理が多いのも特徴です。中心都市はプーケット。

ゲーン・マサマン
鶏肉または牛・羊の肉とココナッツミルク、カルダモンやシナモンなどの香辛料、ピーナッツまたはカシューナッツが入っているカレー。

ムー・サテ

複雑なタイ料理の味

タイ料理は、辛い、すっぱい、しょっぱい、甘いの４つの味が混在しているといいます。全般的に辛い料理が多く、なかでも南部の料理がいちばん辛いといわれています。

タイ料理では、乾燥させた香辛料よりも生のハーブを多く使うのが特徴です。とくにコリアンダー（パクチー）は、ほとんどの料理に使われています。「世界三大スープ」のひとつとして知られるトムヤムクンは、エビのスープですが、レモングラスなどのハーブ、トウガラシなど、香りの強いものが加わって、独特の味をつくりだしています。

コリアンダーの葉。

日本では、タイ料理のスープというとトムヤムクンが有名ですが、ほかにもおいしいスープがあります。トムヤムクンの「トム」は「煮る」、「ヤム」は「まぜる」、「クン」は「エビ」の意味です。エビではなく鶏肉を使った「トムヤムガイ」というスープや、エビのかわりに魚を使った「トムヤムプラー」というスープもあります。

また、タイではトムヤムクンにおとらず人気があるのが、「トムカーガイ」というスープです。これは、香辛料と酸味のきいた、鶏肉入りのココナッツミルクスープです。「カー」はタイ料理で使われるショウガの一種で、「ガイ」は鶏肉のことです。

トムヤムクン　タイの代表的料理。

トムカーガイ

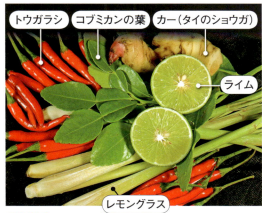
香辛料とハーブ類
タイ料理の独特の味をつくりだす、レモングラス、トウガラシ、カー（タイのショウガ）、コブミカンの葉、ライム。

2 タイの食事

タイは食材にあふれた国です。主食は米で、米を炊いたご飯と、スープや野菜・肉の炒め物、煮物、和え物などのおかずをいっしょに食べます。麺類やチャーハン類は軽食としてよく食べられています。

● ふだんの食事

タイでは、好みで辛さを強めたり、より甘くしたりできるように、食卓には、ナンプラー、グラニュー糖、トウガラシ、トウガラシを漬けた酢の、調味料4点セットが置かれています。ナンプラーはベトナムのニョクマムと同じく、小魚を塩漬けにして発酵させてつくった魚醤です。

ナンプラー

タイの食卓には、大皿に盛られた何種類かの料理がならべられます。それらの料理を自分の皿にとり、調味料4点セットで自分の好みの味に整えて食べます。

食事は、伝統的には手指を使って食べていましたが、今では右手にスプーン、左手にフォークをもって食べるのが一般的です。北部や東北部など、ご飯がもち米の場合は、手で食べるのがふつうです。蒸したもち米を手でちぎりとり、てのひらでにぎって円筒形に整え、おかずにつけて食べるのです。このとき、どちらの手で食べるかのきまりはありません。

もち米ご飯を手で食べるタイ東北部の人たち。

● タイの人気料理

タイで気軽に食べられる料理の代表は、米粉の麺（ライスヌードル）を使った汁麺や炒め麺です。炒め麺の代表が、タイの焼きそばといわれる「パッタイ」です。ご飯物としては、タイのチャーハンといわれる「カオパッ」や、鶏肉をゆでたスープで炊いたご飯に、スープをとったあとの鶏肉をスライスしてのせた「カオマンガイ」などがあります。

パッタイ

カオパッ

カオマンガイ

タイ

屋台料理

タイのまちには、食事のできる屋台がたくさんあります。車輪つきの屋台を引いて、あちこち移動しながら商売をしている店もあります。タイでは、屋台を日常的に利用し、家族そろって食事をする光景もよく見かけます。3食とも屋台ですますという家庭もあります。

タイでは夫婦共働きの家庭が多いため、家で手のこんだ料理をつくることはあまりなく、さらにはキッチンがない家もあるといいます。屋台や市場の総菜売場から買ってきたものを家族で食べることも多いようです。

通りにある屋台。気軽に食べることができる。

揚げ物や煮物、炒め物などの総菜を売る店。おいしい上に種類も豊富。

昆虫食

タイの市場では、ときには昆虫の揚げ物などを売っていることがあり、買い物客はごくふつうに買っていく。とくにイサーン地方では、タガメやゲンゴロウ、ハチの幼虫などを食べる習慣があるという。昆虫を食べる習慣は、日本をはじめ東南アジアや東アジアではそれほどめずらしいことではない。

タイはフルーツ王国

タイには、スイカ、バナナ、ドリアン、マンゴスチン、マンゴーなど、果物が一年中豊富にあります。とくに、3月から9月にかけて、たくさんの果物が旬をむかえます。生のまま食べるだけでなく、ジュースにして飲んだりします。

たくさんの果物が積まれている、市場の果物売場。

マンゴスチン
「果物の女王さま」といわれるマンゴスチン。

ドリアン
「果物の王さま」といわれるドリアン。厚い皮をナタで切ってもらい、食べる。とてもにおいが強いので、飛行機などにはもちこみ禁止だという。

もっと知りたい！
フルーツカービング

ナイフ1本で果物や野菜に花鳥風月や文字などの美しい彫りこみを入れるのが、フルーツカービング。タイでは、たいせつなお客さまをむかえるときなどに、もてなしの心を伝える方法のひとつとしてかざる習慣がある。

フルーツカービングで美しい花に仕上がったスイカ。

25

果物や野菜、工芸品などをいっぱい積みこんだ舟が行き交う水上マーケット。

タイの水上マーケット

　タイにはたくさんの水路がはりめぐらされていて、各地にその水路を利用した水上マーケットが開かれています。水上マーケットでは、舟が店です。果物や野菜、雑貨、工芸品などを積んでいる舟もあれば、麺類などの食べ物を調理して売る舟もあります。

　舟は運河を行き交い、お客さんがよべば、お客さんの乗っている舟やお客さんのいる岸に、舟をつけます。ふつうの買い物では、お客さんが店へいきますが、水上マーケットでは、店（舟）がお客さんのもとへいくのです。

高床住居

　水路ぞいには、タイの伝統的な家屋である高床の家が立ちならんでいる。床の高さは1〜1.5mほど。これは、高温多湿をしのいだり、洪水や浸水から身を守るため。高床の家は水路の上にせり出すように建てられていて、住民は舟を使って出入りすることが多い。

舟の上で大鍋に湯をわかして麺をゆで、さまざまな具をのせた麺料理を出す。

高床の家から舟に乗って出かける人。

3 タイのお正月

タイでは、お正月を3回お祝いします。1回目は、日本と同じく西暦の1月1日で、2回目は中国系の人たちの旧正月（西暦の1月下旬から2月上旬）です。3回目がタイの伝統的なお正月ソンクラーン（4月13日から15日）です。

● ソンクラーンとは

ソンクラーンはタイの真のお正月で、4月13日～15日は祝日となっています。タイの人びとの多くは熱心な仏教徒です。お正月には朝早くお寺にいき、ジャスミンの花でつくった「プアン・マライ」や食べ物をおそなえし、お線香を立ててお参りします。また、新年には、仏像や仏塔、お年寄りの手にしずかに水をかけて清め、相手に対する尊敬や祝福の気持ちをあらわすという伝統的な風習があります。

プアン・マライ。たくさんの花びらや葉を糸などで編んでつくる。

このころタイは乾季で、一年でもっとも暑い時期のため、新年のお祝いや豊作祈願の意味をこめて、水をかけあう風習もあります。そのため、ソンクラーンは「水かけ祭り」ともよばれています。最近は水かけ祭りが派手になり、バケツや水鉄砲で水をかけあうところもあります。

● 正月の料理

中国系の人たちの旧正月。お寺に果物やおもち、アヒルのローストなどをおそなえして、線香を立てる。

中国系の人びとは旧正月に、アヒルや豚のロースト、ちまきなどを食べて、みんなでお祝いします。

ソンクラーンの料理として有名なのが、「カオチェー」です。この料理はタイの宮廷料理のひとつで、ジャスミンの花で香りづけした氷水にひと晩ひたした冷たいご飯に、手のこんだ煮物や揚げ物などの料理がそえられます。暑い時期にはぴったりの、清涼感あふれる料理です。

カオチェー

仏像に水をかけてお清めする親子。

タイの古都アユタヤの水かけ祭り。カラフルにかざりたてたゾウも祭りに参加する。

ミャンマー

ミャンマー（1989年までの国名はビルマ）は、1886年にイギリスの植民地となり、太平洋戦争中は日本に支配された時期がありました。1948年の独立後長く軍事政権が続きましたが、現在は民主化が進んでいます。

正式名称／ミャンマー連邦共和国
人口／5141万人（2014年ミャンマー入国管理・人口省発表）
国土面積／68万km²（日本の約1.8倍）
首都／ネーピードー（2006年まではヤンゴン）
言語／ミャンマー語
民族／ビルマ族（約70％）、その他多くの少数民族
宗教／仏教（90％）、キリスト教、回教など

1 ミャンマーの風土と食文化

ミャンマーは熱心な仏教徒が多い国で、いたるところに仏塔が建てられています。ミャンマーの主食は米。中心はインディカ米（→p19）ですが、中国と国境を接する東北部のシャン州では、日本と同じジャポニカ米が栽培されています。

あまり辛くないミャンマー料理

民族によってさまざまな料理がありますが、大多数のビルマ族の料理はあまり辛くなく、油をたくさん使うのが特徴です。食卓によくのぼるおかずは、トウガラシ、タマネギ、ショウガ、ニンニク、トマトなどをたっぷりの油で炒め、その中に肉や魚、野菜などの具を入れて煮たものです。豆のスープや酸味のある野菜スープ、トマトなどの生野菜や熟していない果物を野菜のように使った和え物類などもよくつくられています。

シャン州では豆を発酵させた納豆のようなものや、豆腐を揚げたようなものがみられます。一方、バングラデシュと国境を接するラカイン州には、辛い料理が多くあります。調味料は、魚を発酵させてつくる魚醤のほか、トウガラシやニンニク、ショウガ、ライムなどが使われます。

大量のご飯とともに、1〜2種類のおかずを食べるのが、一般的なミャンマーの食事スタイルです。ミャンマーの人びとは、食卓にならんだ皿から自分の皿に取ったおかずとご飯を、手でよくまぜて食べます。最近は、手ではなく、スプーンとフォークで食べることも多くなってきました。

食堂のテーブルにならべられた、スープや煮物、炒め物などのおかず。

ターメリックで黄色く着色されたシャン州のイエロー・トウフ。

納豆のように発酵させた「くさい」豆とエビ、ひき肉の炒め物。

ミャンマー

ミャンマーの屋台料理

ミャンマーの都市部には、いたるところに軽食を食べさせる屋台があります。なかでも人気があるのは、代表的な麺料理であるモヒンガーの屋台で、朝早くからにぎわいをみせています。ナマズなどの魚を丸ごと使ってだしをとったスープを、米の粉でつくった麺にかけて食べます。ゆで卵のスライス、ライム、ハーブ、トウガラシなどの薬味も用意されています。

モヒンガー
箸ではなくれんげで麺を短く切って食べる。

モヒンガーの屋台。

もっと知りたい！
食べる茶

ミャンマーには、「飲む」茶のほか、「食べる」茶がある。「食べる」茶というのは、茶の葉を蒸して発酵させた「ラペットゥ」とよばれる漬け茶のこと。これに油をたらし、ピーナッツ、いりゴマなどと和えて食べる。ラペットゥは、客をもてなすときや冠婚葬祭のときには欠かせないものとされている。また、トマトなどと和えて、おかずとしても食べられている。

来客用のラペットゥ（手前の仕切り）とナッツ類のセット。

ラペットゥとトマトなどとの和え物。

インレー湖の漁

インレー湖は、シャン州の標高884mの高地にある湖。インレー湖には、少数民族のインター族が、湖上の浅瀬に高床の水上家屋を建てて住んでいる。彼らは湖上に浮き畑をつくって野菜や果実を栽培し、湖で漁をして、ほぼ自給自足の生活をしている。インター族の漁の方法は独特で、片足で舟の櫂をあやつりながら、つりがね状の伏せ網を湖にしずめ、湖底をかきまわして浮き上がってきたコイやフナ、ナマズなどの魚を捕獲するというもの。

インレー湖の水上家屋。

伏せ網を湖にしずめて漁をする。

熱心な仏教の国ぐに

仏教を開いたブッダが生まれたのはインドです。
インドから中国に入り、独自の発展をしたあと日本に伝わった仏教を「大乗仏教」といいます。
インドから東南アジアの国ぐにに伝わった仏教は、「上座部仏教」といいます。

上座部仏教とは

上座部仏教は、セイロン（現在のスリランカ）でおおいに受け入れられたあと、ミャンマーやタイ、ラオスに伝わりました。ミャンマーでは仏塔（パゴダ）がたくさん建てられました。

タイでは、ほとんどのまちや村にお寺が建てられました。タイのお寺はきらびやかな装飾をほどこしていることが多く、地味な感じの日本のお寺とは対照的です。

上座部仏教では、出家して仏教の教えを学ぶ僧（お坊さん）になることが重要視されます。

そのためタイでは、仏教徒の男子は、一生に一度は出家して修行するのが望ましいとされています。男の子は10歳ぐらいになると「得度式（出家式）」をおこない、髪の毛をそって1週間ほどお寺で過ごすのです。

ミャンマーでは、男の子だけでなく女の子も、髪をそってお寺（僧院）で修行します。3月のはじめごろ、子どもたちが僧院に入るパレードが国中でみられます。

ミャンマーの黄金のパゴダ。

タイのお寺。

はなやかに着かざって馬に乗り、寺（僧院）に入るまでパレードをするミャンマーの子ども。

信心深い人びと

　上座部仏教の教えでは、ブッダの教えを守って、正しく生きて徳を積めば、この世で幸せにめぐまれ、来世でも幸せな人に生まれかわることができるとされています。そのため人びとは自ら進んで仏さまをおがみ、お寺や僧に寄付し、両親に孝行して、こまっている人を助けようとします。

　出家した僧は修行に専念し、自らは生産活動をしてはいけないことになっています。僧は、信者からのお布施で生活します。

　ミャンマーやタイ、ラオスでは、僧は朝早く起きて、お祈りやそうじをすませたあと、托鉢にまわります。僧へのお布施はお金ではなく米やご飯などの食べ物が中心で、そうしたほどこしをもらって歩くのが托鉢です。信者は朝早くからご飯を炊いたりおかずをつくったりして、僧が托鉢にまわってくるのを待ちます。黄褐色やあずき色の袈裟を着た僧がやってきたら、僧の下げている鉢にお布施（食べ物）を入れ、両手をあわせて敬意を示します。僧院できびしい修行をしている僧は、とても尊敬されているのです。

　僧にとっては托鉢は修行の一環であり、信者にとっては、お布施をすることで徳を積むことになるのです。

托鉢でもらってきた食べ物は、僧院で平等に分けあって食べる。

タイの托鉢のようす。

ミャンマーの托鉢のようす。

ラオスの古都ルアンパバーンでの托鉢のようす。

僧院は学校

　僧院に入った子どもたちは、仏教の修行だけでなく、読み書きも僧から教えてもらう。ミャンマーの識字率（字の読み書きのできる人の割合）が高いのは、そのおかげだともいわれている。

書物を読む若い僧たち。

マレー半島の食文化

マレー半島の料理は、マレー系の人びとが伝統的に食べてきた料理に、中国料理やインド料理の要素が加わって発展してきました。ここでは、マレーシアとシンガポールの食文化を紹介します。

1 マレーシア

マレーシアは、マレー半島南部とカリマンタン島（ボルネオ島）北部からなる国。人口の約67％をマレー系の人びとがしめ、中国系が約25％、インド系が約7％のほか、少数民族もくらす多民族国家です。

● 多民族国家の料理

マレーシアの料理は、香辛料のきいた辛めの味つけが特徴です。また、ココナッツミルクをよく使うので、独特の風味があります。

マレー系の人びとの多くはイスラム教徒で、イスラム教の教えにしたがって豚肉や豚を原料とした食品は口にしません。マレーシアの人気料理「サテ（肉の串焼き）」も、豚肉ではなく、鶏肉や牛肉、山羊肉が使われます。

一方、マレーシアには中国やインドの出身者が多いため、中国風の料理やインド風の料理も多くあります。中国風の料理の代表的なものは、「スチームボート（肉や魚、野菜や豆腐を使った鍋料理）」です。

インド風料理の代表は、香辛料（スパイス）をきかせたカレーとインドのうす焼きパン「ロティ」のセット「ロティ・チャナイ」です。

クトゥパッ。ヤシの葉を編んだものに包んで蒸した、もち米のだんご。サテとともに食べることが多い。

サテ ／ ピーナッツソース

スチームボート

ロティ・チャナイ

マレー半島の食文化

他の民族の文化を尊重

マレーシアにはさまざまな民族がくらしています。人びとは自分の民族の文化に誇りをもっていますが、他の民族の文化を否定することはしません。それぞれの民族衣装や、宗教、食べ物をおたがいにみとめあっているのです。

まちには、マレー系の人びとのほとんどが信仰しているイスラム教の礼拝所（モスク）、インド系の人びとの多くが信仰しているヒンドゥー教の寺院、中国系の人びとが信仰している仏教のお寺が、となりあっていることもよくあります。

市場やスーパーマーケットでは、豚肉は一般の肉売場にはならびません。ドアで仕切られた売場にならんでいます。イスラム教徒にとって豚は不浄な動物であるため、彼らの目にふれないように置かれているのです。

ドアの向こうにある豚肉売場。

豚肉を食べる中国系やインド系の人は、豚肉売場がドアで仕切られていることに不平をいいません。イスラム教徒も、不浄と考える豚肉を店が売っていることや、豚肉を買う人に対して、非難することはありません。

イスラム教の礼拝所（モスク）

ヒンドゥー教の寺院

仏教のお寺

頭にスカーフを巻き、マレー系の制服を着た子どもたち。

ハラール

マレーシアやシンガポールでは、レストランなどの看板に、イスラム教の戒律で定められたとおりにつくられた食材だけを使っていることをあらわす「ハラール（HALAL）マーク」がついているのをよく見かける。このマークのある店では、イスラム教徒は安心して食事をすることができる。

また、市場やスーパーマーケットで買い物をするときも、イスラム教徒はハラールマークのついている食品を選んで買う。

マレーシアのご飯

マレーシアの主食は米です。米を水だけで炊いたご飯も食べますが、ココナッツミルクで炊いたご飯「ナシレマッ」が一般的です。地方によってトウガラシを入れて辛くしたり、ニンニクを入れたりするので、いろいろな味のナシレマッがあります。

家庭ではふつう、ナシレマッに、小魚のフライ、野菜の和え物、キュウリ、ピーナッツなどのおかずをそえて、かんたんな食事とします。しっかりとした食事にするときは、牛肉のルンダン（→p39）や鶏肉のフライなどをそえます。

家庭で一般的なナシレマッ。

ナシレマッをおかずといっしょにバナナの葉で包むと、携帯食になる。

マレーシアの食事のマナー

マレーシアにかぎらず、世界中のイスラム教徒やヒンドゥー教徒は、食事のとき、伝統的には右手だけを使ってじょうずに食べ物を口に運びます。手で食べ物をさわるときや、物を受け取るときも、かならず右手でおこないます。最近は、食事をするとき、スプーンやフォークを使う人もいます。一方、中国系の人びとは、箸やスプーンを使って食事をします。

マレー系の人は、缶ジュースをもつのも、右手。

スカーフをしたマレー系の女性は右手で、手前の中国系の男性は、箸とスプーンで食事をしている。

もっと知りたい！
ニョニャ料理

多様な香辛料を使ったマレー系の料理と、中国料理を融合させた料理を「ニョニャ料理」という。もともと「ニョニャ」は、中国からやってきた中国人男性と結婚した地元のマレー系女性をさす言葉だった（この結婚で生まれた女性をニョニャ、男性をババともいう）。ニョニャが夫の口にあう料理をつくったことから、「ニョニャ料理」とよばれるようになったという。

ニョニャ料理

マレー半島の食文化

2 シンガポール（正式名称 シンガポール共和国）

シンガポールは、マレー半島の南の端にある、1965年にマレーシアより独立してできた小さな国ですが、世界でも有数の経済発展をとげた国として知られています。マレーシアと同じく多民族国家です。

シンガポール人の食生活

シンガポール人の食生活は、家で料理をつくるより外食が中心です。24時間営業や早朝から夜おそくまでやっている店が多く、毎日3食とも外食する人も少なくありません。

宗教により食べられる食材が異なるため、屋台やレストランでは、それぞれの宗教に応じた料理が提供されています。「ホーカーズ（屋台の集まり）」では、自分の宗教で禁じられている食べ物を、となりのテーブルの人たちが平気で食べているということもよくあります。シンガポールでは、個人の宗教が尊重されています。

人気の料理

チキンライス
シンガポールの一番人気の料理。鶏肉と、鶏肉のスープで炊いたご飯のセット。

さまざまな料理が食べられるフードコート。

チリクラブ
ゆでたカニに、香辛料のきいたトマトベースのソースをたっぷりかけたもの。

フィッシュヘッド・カレー
魚のヘッド（頭）もいっしょに煮こんだ、香辛料たっぷりのカレー。

バクテー
豚肉のスペアリブをニンニクやコショウ、中国の香草とともに煮こんでつくる料理。

ペーパーチキン
鶏肉をしょうゆとオイスターソースのたれに漬けこんで、クッキングシートに包んで揚げた料理。

インドネシア

インドネシアは1万7000もの島からなる国で、そのうちの3000以上の島に人が住んでいます。マルク（モルッカ）諸島のクローブなど貴重な香辛料を求めて、16世紀にヨーロッパ人がやってきました。

正式名称／インドネシア共和国
人口／約2億5500万人（2015年インドネシア政府統計）
国土面積／約189万km²（日本の約5倍）
首都／ジャカルタ
言語／インドネシア語
民族／大半がマレー系（ジャワ人、スンダ人など約300の民族）
宗教／イスラム教（88.1%）、キリスト教（9.3%）、ヒンドゥー教（1.8%）、仏教（0.6%）ほか

1 インドネシアの風土と食文化

熱帯雨林気候のインドネシアは、一年を通して高温多湿です。地方ごとに島ごとにさまざまな料理がありますが、香辛料をふんだんに使うのが、インドネシア料理の共通した特徴です。

● インドネシアの稲作

インドネシアでは、ほとんどの地域で稲作がおこなわれています。インドネシアは世界第3位の米生産国（→p18）でもあるのです。各島に田が開かれていますが、ほとんどは人の手で農作業がおこなわれています。面積の小さい島や山がちな島では、斜面を階段状に切り開いた棚田がつくられています。

● インドネシアの主食

インドネシアでは、ほとんどの地域で米が主食となっています。インドネシアの人は米をよく食べます。日本と同じように、炊いたご飯におかずをそえて食べるというのが、一般的な食事スタイルです。

米以外では、イモ類やバナナ、サゴヤシからとるサゴデンプンも主食にされています。サゴデンプンは、熱湯でといてペースト状にし、麺やパンなどにして食べます。

サゴヤシ。インドネシアのスマトラ島からパプア・ニューギニアまでのあいだの熱帯雨林地帯にしか自生しない。

美しいバリ島の棚田。

インドネシア

代表的な料理

日本でよく知られているインドネシア料理といえば、「ナシゴレン」と「サテ」があげられます。「ナシゴレン」の「ナシ」は、インドネシア語で「ご飯」の意味で、「ゴレン」は「油で揚げる・炒める」という意味です。日本でいうところの「チャーハン」ですが、独特の調味料で調味された甘辛い味と香りが特徴です。サンバルというソースがそえられます。また、「ミーゴレン（インドネシア風焼きそば）」も、人気料理です。

「サテ」は、マレーシアにもある、肉の串焼きです。イスラム教徒は豚肉を食べないので、鶏肉または羊の肉が使われるのがふつうです。

ナシゴレン

ミーゴレン

もっと知りたい！

サンバル

サンバルというのは、インドネシア料理やマレー料理によく使われる辛味調味料。トウガラシ、小さめの赤タマネギ、ニンニクなどを主体に、トマト、トラシ（エビを発酵させた魚醤のようなもの）、塩、コショウなどを石うすに入れ、石のすりこぎですりつぶしてつくる。サンバルは調理の過程で使う調味料ではなく、食卓で料理に加えるもの。ナシゴレン、ミーゴレンなど、炒め物やスープなどによく使われる。

すりこぎ　石うす

サテ

37

2 特色ある郷土料理

1万7000もの島からなるインドネシアでは、地方や島ごとに特徴ある郷土料理がつくられています。交通機関が発達した現在では、ジャカルタのような都市部では、各地の郷土料理を出す店もできています。

● ちょっと甘めのジャワ料理

ジャワ島は、インドネシア最大の人口をかかえる島です。首都のジャカルタもジャワ島にあります。ジャワ料理は、ジャワ島の中部〜東部の料理です。特徴は、比較的甘めの味つけであることです。また、ヒンドゥー教と仏教の影響を受けたため、肉を使う料理が少ないことです。代表的な料理が、ジャックフルーツを鶏ガラスープとココナッツミルクで煮こみ、パームシュガーと卵を加えて煮た「グドゥ」です。

手づくりのジャワ料理を売る店。左のはしの料理がグドゥ。

ジャワ島中部にある仏教遺跡、ボロブドゥール。780年ごろから、大乗仏教(→p30)を信奉していた当時の王によって建造が開始されたといわれている。

● あっさりとしたスンダ料理

同じジャワ島でも、西部のスンダ料理は、あっさりとした味つけが特徴です。サンバル(→p37)をつけて生野菜をよく食べますが、生野菜を食べるのは、他の地域にはない大きな特徴です。

代表的な料理は、バナナの葉に、魚と野菜などを包んで蒸した「ペペス」という料理です。

ペペス

もっと知りたい！
ジャックフルーツとは

実が幹に直接ぶら下がってなるクワ科のジャックフルーツは、世界最大の果実といわれる。熟すと全体が黄色になり、強烈な甘いにおいがする。熟した果肉は甘く、生で食べることができる。未熟な果実は野菜として、煮物や炒め物に使われる。種子も、焼いたりゆでたりして食用にする。

木にぶら下がっているジャックフルーツの実。

ジャックフルーツの断面。

● スマトラのパダン料理

パダン料理は、もともとは西スマトラ州の料理ですが、今では、インドネシア全土でもっとも一般的な料理となっています。スマトラのパダン料理は、インドや西アジアの影響を受けて、トウガラシなどの香辛料をたくさん使った辛さが特徴で、肉や魚、野菜を長時間煮こむ料理がほとんどです。代表的なパダン料理は、牛肉を4時間ほど煮こんでつくる「ルンダン」です。

ルンダン

インドネシアの発酵食品「テンペ」

「テンペ」は、大豆を煮て発酵させたもの。大豆を発酵させたものという意味では、日本の納豆と似ているが、テンペはブロック状にかためられていて、糸も引かない。納豆と同じく栄養価が高く、日本のさつま揚げのように油で揚げたり、炒めたり、煮物に入れたりと、インドネシアではさまざまな料理に使われている。

バナナの葉に包まれて市場に積まれているテンペ。

うす切りにしたテンペを炒め、サンバルで和えた料理。

インドネシア

● バリ料理

バリ島はジャワ島のすぐとなりに位置する小さな島で、ヒンドゥー教が根づいた地域として知られています。

豚を1頭丸ごと焼いた料理は、特別な日のごちそう。

イスラム教の戒律にしばられないため、豚肉がふつうに食べられています。特別なお祝いのときには、ごちそうとして豚の丸焼きも出されます。

バリ料理は、ジャワ料理のように甘くなく、パダン料理のように辛くもなく、どちらかというと塩辛いのが特徴です。また、魚を使った料理が多いといわれています。

インゲンの和え物
つくねのサテ
クルプック（えびせんべい）
バリ料理

クルプックを運ぶ、バリの民族衣装を着た女の子。

写真で見る世界の米料理とお菓子

日本のご飯は、赤飯や炊きこみご飯に色がついていますが、基本は真っ白。
一方、世界のお米料理は多くが色がついていて、見ていても楽しい！
ここでは、世界各国のお米からつくる料理とお菓子を見てみましょう。

東アジア

中国　ちまき
具入りの味をつけたもち米を、竹の皮に包んで蒸したもの。

日本　にぎりずし
手でにぎった酢飯の上に、食べやすい大きさに切った生魚をのせたすし。

韓国　ビビンバ
ご飯にさまざまな具をのせて、コチュジャンを加え、よくまぜて食べる料理。

東南アジア・南アジア・中央アジア

ベトナム　春巻き
米粉からつくるライスペーパーで、エビや野菜を巻いたもの。

カンボジア　クイティウ
米粉でつくった麺の、クメール風スープ麺。

スリランカ　ホッパー
米粉からつくる生地をクレープのようにうすく焼いたもの。

タイ　カオマンガイ
鶏肉をゆでたスープで炊いたご飯。

バングラデシュ　キチュリ
米と豆を、多種類の香辛料で炒めてから炊いたご飯。

インドネシア　ナシゴレン
香辛料をたっぷり使った、インドネシアのチャーハン。

ウズベキスタン　プロフ
肉とニンジンなどの野菜が入った、炊きこみご飯。

西アジア・アフリカ・南アメリカ

イラン　チェロウ
湯取り法で炊いたご飯にバターを加えた、イラン風のバターライス。

トルコ　トマトのドルマ
米をトマトにつめて、スープで煮た料理。

ナイジェリア　オファダシチュー
ナイジェリアの茶色っぽい色をしたご飯。

ギリシャ　ドルマダキ
ブドウの葉で米を包み、スープで煮た料理。

イタリア　リゾット
タマネギを炒め、米とスープを加えて炊き上げたもの。

スペイン　パエリア
米と魚介類や肉、野菜をパエリア鍋で焼いた料理。

キューバ　アロス・コン・ポジョ
鶏肉を加えて炊いたキューバのご飯。

お米からつくるお菓子

日本　かしわもち
カシワの葉で包んだあんこ入りのおもち。

アメリカ・日本ほか　ポン菓子
米をふくらませてつくる菓子。パフライスともいう。

ネパール　ジリンガ
米粉を練ってうず巻き状に成形して揚げた伝統菓子。

サウジアラビア　ムハッレビ
サウジアラビアのライスプディング。

フィリピン

フィリピンは大小7000以上もの島じまからなる群島国家。イスラム教国や仏教国の多いアジアのなかで、唯一のキリスト教（カトリック）国です

正式名称／フィリピン共和国
人口／約1億98万人（2015年フィリピン国勢調査）
国土面積／29万9404km²（日本の約8割）
首都／マニラ
言語／フィリピノ語（国語）、公用語はフィリピノ語と英語、その他80前後の言語
民族／マレー系が主体、ほかに中国系、スペイン系および、これらとの混血および少数民族
宗教／カトリック（83％）、その他のキリスト教（10％）、イスラム教（5％）

1 フィリピンの風土と食文化

フィリピンは火山が多く、毎年台風におそわれるなど、日本と似たところのある国です。16世紀にスペインの植民地となり、およそ300年にわたるスペインの統治は、フィリピンの生活様式や食文化に大きな影響をあたえました。

● 外国の影響を受けた料理

長い間スペインの植民地だったことから、フィリピンの食文化には、スペインの影響が強くみられます。

フィリピン料理には、トマト、タマネギ、ニンニクなどを使った煮こみ料理が多くあります。酢や香辛料、ニンニクなどに漬けこんだ肉などを甘ずっぱく煮た料理「アドボ」は、「漬けこむ」という意味のスペイン語から名づけられた料理です。鶏肉や豚肉が使われます。

フィリピンは、スペイン以外にもさまざまな国の影響を受けています。麺を食べる習慣は、中国からもたらされました。また、19世紀末から20世紀半ばにかけてのアメリカ植民地時代の影響で、炭酸飲料やファストフードも好まれています。

ルソン島南部にあるマヨン山は活火山だが、富士山に似た美しい形をしている。

鶏肉のアドボ
漬け汁に漬けた肉を煮た代表的な家庭料理。

アドボはご飯の上にのせて食べることが多い。

フィリピン

● フィリピンの食事

フィリピンでは稲作がおこなわれていて、ルソン島のライステラス（棚田）群は世界遺産になっています。フィリピンの主食はインディカ米で、おかずとともに食べます。

フィリピンでは、自分の皿におかずを取り分け、左手にフォーク、右手にスプーンをもって食事をするのが一般的です。

海にかこまれた島国だけあって、料理には魚介類をよく使います。魚やイカなどを串にさして炭火で焼いたり、油で揚げたりすることが多く、生魚を食べることはあまりありません。まれに生魚を酢でしめて食べることがあります。

● フィリピン料理の特徴

常夏の国フィリピンでは、食べ物の保存性を高めるために、ココナッツからつくられた酢やかんきつ類がよく使われます。このため、あまり辛くない、酸味のある料理が多いのが、フィリピン料理の特徴です。

「シニガン」は、魚介類や肉を具にしたすっぱいスープで、毎日のように食卓にのぼります。

フィリピンの独特の調味料としては、魚を発酵させてつくったパティス（魚醤）やエビを発酵させた調味料バゴーンがよく使われます。酸味をつけるには、カラマンシーというかんきつ類の果汁や酢が用いられます。中国から入ってきたトヨとよばれるしょうゆや、アメリカやスペインからもちこまれたトマトソースなども使われています。

カラマンシー

串にさして焼いた魚やイカなどがならぶまちの食堂。

ルソン島のライステラス。

シニガン　すっぱいスープ。

エビを発酵させた独特の調味料バゴーン。

その他のフィリピン料理

アドボ以外にスペインの影響を受けた料理としては、「メチャド」があります。この料理には、豚の背脂と細切りの安い牛肉をよりあわせて煮こむことで、脂をとかして肉をよりやわらかくするというスペイン料理の技法が用いられています。今では、トマトソースを加えて煮た、ビーフシチューに近い料理もメチャドとよばれています。そのほか、チョリソとよばれるスペイン風のソーセージもフィリピンに根づいています。

また、中国風の麺類は「パンシット」とよばれ、軽食としてよく食べられています。パンシットにはいろいろな種類がありますが、パンシット・カントンは、麺を肉や野菜と炒めた焼きそばのような料理です。

また、外国の影響を受けていない料理としては、「カレカレ」がよく知られています。これは、牛のテール（しっぽ）を煮こんでやわらかくして、ピーナッツペーストで味つけする伝統的なフィリピン料理です。昔は、ピーナッツを石うすでひいてピーナッツペーストをつくっていたといいます。

カレカレ

カレカレは、白いご飯といっしょに食べるのが一般的。

メチャド

パンシット・カントン

もっと知りたい！
1日2回のミリエンダ

フィリピンには、午前10時と午後3時の2回、おやつを食べるミリエンダという習慣がある。フィリピンのおやつとして一番有名なのが、「ハロハロ」。「ハロハロ」には「まぜこぜにする」という意味があり、その名のとおり、かき氷、バナナなどいろいろな果物、ナタデココ、甘く煮た豆やイモ、アイスクリームなど、さまざまな甘いものが入った冷たいデザート。

そのほかに、バナナを春巻きの皮で包み、油で揚げて砂糖をかけたトゥロンというお菓子も人気がある。

トゥロン

ハロハロ

フィリピン

サントニーニョの人形をかかげた人を先頭に列をつくり、パレードに向かうグループ。うしろに見える教会は、サントニーニョ教会。

2 フィリピンのお祭り「フィエスタ」

キリスト教国のフィリピンでは、ほとんどのまちにはキリスト教の守護聖人がまつられています。まちごとに守護聖人を祝うお祭り（フィエスタ）が盛大に開かれるため、一年をとおして、各地でフィエスタがおこなわれています。

● フィエスタの楽しみ

フィエスタは9日間開かれますが、当日には教会でミサがおこなわれます。まちは、はなやかなかざりつけがされ、露店が立ちならびます。家いえでは、レチョン（豚の丸焼き）などのごちそうを準備し、お客をむかえて深夜までお祝いをします。

レチョンは最上級のごちそう。

● 最大規模のお祭りシヌログ

フィエスタのなかで最大規模のお祭りが、セブ島のシヌログです。このお祭りのメインイベントは、守護聖人のサントニーニョ（幼きイエス）の人形をかかげておこなわれるダンスパレードです。何組ものグループが、衣装やふりつけに工夫をこらしたダンスを披露します。

あざやかな衣装をつけてダンスパレードをするグループ。

マゼランクロス

1519年にインドネシアのマルク諸島（→p36地図）への航路発見を目指して西に向かって出発したマゼラン率いるスペイン艦隊が、1521年にヨーロッパ人としてはじめてフィリピンに到達した。この航海に同行していた修道士によって、はじめてフィリピンにキリスト教が伝えられた。マゼランは、当時の領主に大きな十字架（マゼランクロス）とサントニーニョ像を贈呈した。マゼラン自身はここで死亡したが、スペイン艦隊は1522年に史上初の世界一周を成しとげた。現在は、像はセブ市の守護聖人としてサントニーニョ教会に、マゼランクロスは教会近くのお堂に安置されている。

マゼランクロス。お堂の天井の絵は、当時の洗礼のようすがえがかれたもの。

さくいん

あ

揚げ豆腐 ·············· 7
揚げ春巻き ············ 9、14
アドボ ·············· 42
アモック ············· 17
アロス・コン・ポジョ ····· 41
イサーン地方 ········ 12、21、25
イスラム教 ····· 20、22、32、33、
　　　　　　　　 36、39、42
市場 ············· 15、25
稲作 ············ 6、36、43
インディカ米 ····· 7、13、16、19、
　　　　　　　　 22、28、43
インド系 ··········· 32、33
インレー湖 ············ 29
エスニック料理 ·········· 7
えびせんべい ··········· 39
オファダシチュー ········· 41

か

外食 ············· 8、35
カオ・ソーイ ·········· 14、21
カオ・ニャオ ·········· 13、14
カオチェー ············ 27
カオパッ ·············· 24
カオブン ·············· 12
カオマンガイ ········· 24、40
かしわもち ············ 41
カラマンシー ··········· 43
カリー ·············· 17
カレカレ ·············· 44
カントーク ············ 21
キチュリ ·············· 40
牛肉 ····· 7、8、32、34、39、44
郷土料理 ········· 20、21、38
魚醤 ··· 7、14、16、24、28、43

き

キリスト教 ·········· 36、42、45
クイティウ ·········· 16、40
グドゥ ·············· 38
クメール料理 ··········· 16
グリーンカレー ·········· 22
クルプック ············ 39
ゲーン・キャオワン ········ 22
ゲーン・マサマン ········· 22
香辛料 ····· 8、10、17、19、21、
　　　　　23、32、34、35、36、39、
　　　　　　　　 40、42
コーヒー ··········· 11、19
ココナッツミルク ····· 7、17、19、
　　　　　　　 22、23、32、34、38
古代米 ·············· 18
コブミカン ············ 23
コムビンザン ·········· 8、10
米 ···· 9、12、18、19、20、23、
　　　　 28、34、36、40、41
コリアンダー ·········· 17、23
昆虫食 ·············· 25

さ

サゴヤシ ·············· 36
サテ ··········· 32、37、39
サントニーニョ ·········· 45
サンバル ·········· 37、38
シニガン ·············· 43
シヌログ ·············· 45
ジャックフルーツ ········· 38
ジャポニカ米 ········· 19、28
ジャワ料理 ············ 38
主食 ····· 13、21、24、28、34、
　　　　　　　　 36、43
少数民族 ······ 6、12、15、28、
　　　　　　　　 29、32、42
ジリンガ ·············· 41

水上マーケット ···········

水上マーケット ·········· 26
スチームボート ·········· 32
スペイン·· 18、19、41、42、44
スンダ料理 ············ 38
僧院 ············ 30、31
ソムタム ·········· 12、21
ソムロー・カリー ········· 17
ソンクラーン ············ 27

た

ターメリック ······· 7、17、28
高床住居 ·············· 26
炊きこみご飯 ········· 19、40
炊き干し法 ············ 19
托鉢 ············· 15、31
棚田 ··········· 6、36、43
食べる茶 ·············· 29
多民族国家 ········· 32、35
タム・マックフン ········· 12
チェロウ ·············· 41
チキンライス ··········· 35
ちまき ········· 11、27、40
チャオプラヤー川 ······· 20、22
中国 ·············· 6、7
中国系 ····· 27、32、33、34、42
チリクラブ ············ 35
ティップ・カオ ··········· 13
テト ·············· 11
テンペ ·············· 39
トウガラシ ······· 9、20、23、24、
　　　　　　 28、29、34、37、39
豆腐 ·············· 28
トゥロン ·············· 44
トムカーガイ ··········· 23
トムヤムクン ··········· 23
ドリアン ·············· 25

鶏肉………8、16、19、22、23、24、32、34、35、37、40、41、42
ドルマ………………………41
ドルマダキ…………………41

な

ナシゴレン……………37、40
ナシレマッ…………………34
生春巻き………………………9
ナンプラー…………………24
にぎりずし…………………40
ニョクマム……7、8、9、10、24
ニョニャ料理………………34
ヌクチャム……………………9
ネーム………………………21
ノムバンチョック…………17

は

バーイ・サイ・モアン………16
パーデーク…………………14
ハーブ………10、13、21、23、29、35
バインセオ……………………7
バインチャン………………8、9
バインチュン………………11
バインテト…………………11
バインミー…………………10
パエリア……………………19、41
バクテー……………………35
バゴーン……………………43
パゴダ………………………30
パダン料理…………………39
パッタイ……………………24
パティス……………………43
ハノイ…………………………6、7
ハラール……………………33

バリ島………………………36
バリ料理……………………39
春巻き………7、8、9、40、44
ハロハロ……………………44
バンコク……………………20、22
パンシット…………………44
ピーナッツ…………9、34、44
ビビンバ……………………40
ピラフ………………………19
ビリヤニ……………………19
ヒンドゥー教…33、36、38、39
プアン・マライ……………27
フィエスタ…………………45
フィッシュヘッド・カレー…35
フエ……………………………6、7
フォー…………………………8
フォー・ガー…………………8
フォー・ボー…………………8
豚肉・19、22、32、33、37、42
豚の丸焼き…………………39、45
仏教………6、15、20、28、30、33、36、38、42
プラホック…………………16
フランス………6、10、12、16
フルーツカービング………25
プロフ………………………40
ブン……………………………9
ブン・ズィウ・クア…………7
ブン・チャ……………………9
ブン・ボー・フエ……………7、9
ペーパーチキン……………35
ペペス………………………38
ホーカーズ…………………35
ホーチミン……………………6、7
ホッパー……………………40
ボロブドゥール……………38
ポン菓子……………………41

ま

マゼランクロス……………45
マレー系………32、33、34、36
マンゴスチン………………25
ミーゴレン…………………37
水かけ祭り…………………27
ミリエンダ…………………44
ムハッレビ…………………41
メコン川………………………6、12
メコンデルタ…………………6
メチャド……………………44
モスク………………………33
もち米………13、21、24、40
モヒンガー…………………29
モン族…………………………12、15

や

屋台………10、14、16、25、29
湯取り法……………………19、41

ら

ラープ………………………13、21
ライステラス………………43
ライスペーパー……………8、40
ライム…………9、23、28、29
ラオ族………………………12、21
ラペットゥ…………………29
リゾット……………………41
ルンダン……………………34、39
レチョン……………………45
レモングラス………7、17、23
ロティ・チャナイ…………32

■監修
青木ゆり子

e-food.jp 代表。各国・郷土料理研究家。世界の郷土料理に関する執筆をおこなっている。2000年に「世界の料理 総合情報サイト e-food.jp」を創設。日本と海外をつなぐ相互理解・交流を目指し、国内外の優れた食文化に光を当てて広く伝えるために活動中。また、国際的ホテルの厨房で、60か国以上の料理メニューや、外国人客向けの宗教食ハラール（イスラム教）やコーシャ（ユダヤ教）、ベジタリアン等に対応する国際基準の調理現場を経験し、技術を習得。東京にある大使館、大使公邸より依頼を受け、大使館及び大使公邸の料理人として各国の故郷の味を提供。現在、世界5大陸200以上の国・地域の訪問を目指して、一眼レフカメラを片手に料理取材を続けている。

■編・著／デザイン
こどもくらぶ

稲葉茂勝
石原尚子
長江知子

■制作
（株）エヌ・アンド・エス企画

※各国の人口や国土面積ほかの基本情報は、外務省のホームページ「世界の国々」（2016年12月）による。

■写真協力
佐伯陽子、中嶋舞子、青木ゆり子、
日本アセアンセンター、マレーシア政府観光局、
フォトライブラリー、
©Steven Francis ©Rolf52 ©Phuongphoto
©Annapustynnikova ©Hoxuanhuong
©Nigel Spiers ©Ppy2010ha
©Seksan Wangjaisuk ©Mosessin
©Dinhngochung ©Salajean ©Mirko Vitali
©Matyas Rehak ©Noppakun
©Dorota Kamińska ©Matyas Rehak
©Alfotokunst ©Inge Hogenbijl ©Digitalpress
©Ixuskmitl ©Sitriel ©Panithi33
©Vinicius Tupinamba ©Solomonjee
©Choosakdi Kabyubon ©Araya Pacharabandit
©Sommai Sommai ©Noppadon Sangpeam
©Jiabcharuwan ©Taksina ©Areeyatm
©Arachi07 ©Seksan Wangjaisuk
©Nares Dokput ©Lee Snider
©Glowonconcept ©Todsaporn Chokchaiphon
©Chattrawutt Hanjukkam ©Tommroch
©Manit Larpluechai ©Simon Hack ©Tuayai
©pitaksunti montol ©Thor Jorgen Udvang
©Akkalak Chalaemnongnoot ©Adikpix
©Alexander Mychko ©Brownm39
©Antonella865 ©Kriangkraiwut Boonlom
©Blagodeyatel ©Rolf52 ©Ongpruksar
©Rene Drouyer ©Szefei ©Oliver Förstner
©Ppy2010ha ©Marko5 ©Chonlapoom
©Muhamad Kautsar ©Otnaydur ©Dudi Mulyadi
©Toby Williams ©Michael Elliott
©Project1photography ©Asab974 ©Komar
©Viktorfischer ©Vassiliy Kochetkov
©David Castillo Dominici ©Alexander Mychko
©Recyap8 ©Sergii Koval ©Traveltelly
©Antonio Oquias ©Alexander Mychko
©Jmaentz ©Rangzen ©Grey¦Dreamstime.com、
©ukyo ©vapadi ©jayvee18 - Fotolia.com

しらべよう！世界の料理② 東南アジア ベトナム タイ フィリピン インドネシア ほか　　　　N.D.C.383

2017年4月　第1刷発行

監修　　青木ゆり子
編・著　こどもくらぶ
発行者　長谷川 均　　編集 浦野由美子
発行所　株式会社ポプラ社
　　　　〒160-8565　東京都新宿区大京町 22-1
　　　　電話　営業：03（3357）2212　編集：03（3357）2635
　　　　振替　00140-3-149271
　　　　ホームページ http://www.poplar.co.jp
印刷・製本　大日本印刷株式会社

Printed in Japan　　　　　　　　　　　　　　　　　　　47p 29cm
●落丁本、乱丁本は送料小社負担でお取り替えいたします。　　ISBN978-4-591-15364-2
　小社製作部宛にご連絡ください。
　【製作部】電話：0120（666）553　受付時間：月〜金曜日　9：00〜17：00（祝祭日は除く）
●本書のコピー、スキャン、デジタル化等の無断複製は著作権法上での例外を除き禁じられています。
　本書を代行業者等の第三者に依頼してスキャンやデジタル化することは、たとえ個人や家庭内での利用であっても著作権法上認められておりません。

「おいしい」の向こうにある、各国の風土や文化を学ぼう！

しらべよう！世界の料理 全7巻

❶ 東アジア
日本 韓国 中国 モンゴル

❷ 東南アジア
ベトナム タイ フィリピン インドネシア ほか

❸ 南・中央アジア
インド ブータン バングラデシュ ウズベキスタン ほか

❹ 西アジア アフリカ
サウジアラビア トルコ エジプト ナイジェリア ほか

❺ 北・中央・東ヨーロッパ
スウェーデン オーストリア チェコ ロシア ほか

❻ 西ヨーロッパ 北アメリカ
フランス スペイン ギリシャ アメリカ ほか

❼ 中央・南アメリカ オセアニア
メキシコ ブラジル ペルー オーストラリア ほか

監修：青木ゆり子（e-food.jp 代表）

小学校中学年〜中学生向き
各47ページ
N.D.C.383 A4変型判
図書館用特別堅牢製本図書

★ポプラ社はチャイルドラインを応援しています★

18さいまでの子どもがかけるでんわ
チャイルドライン®
0120-99-7777
ごご4時〜ごご9時　＊日曜日はお休みです　電話代はかかりません　携帯・PHS OK

18さいまでの子どもがかける子ども専用電話です。
困っているとき、悩んでいるとき、うれしいとき、
なんとなく誰かと話したいとき、かけてみてください。
お説教はしません。ちょっと言いにくいことでも
名前は言わなくてもいいので、安心して話してください。
あなたの気持ちを大切に、どんなことでもいっしょに考えます。